The Missing Christmas Star And Other Bilingual Swedish-English Christmas Stories for Kids

Pomme Bilingual

Published by Pomme Bilingual, 2024.

THE MISSING CHRISTMAS STAR AND OTHER BILINGUAL SWEDISH-ENGLISH CHRISTMAS STORIES FOR KIDS

First edition. August 1, 2024.

ISBN: 979-8227933621

Written by Pomme Bilingual.

Table of Contents

Julskattens Hemlighet

Det var en frostig decembermorgon i den lilla byn Knäckeborg, där varje hus var klädd i snödräkt och julens dofter svävade i luften. Här bodde en ung pojke vid namn Emil, känd för sin osvikliga nyfikenhet och sina glittrande ögon. Emil älskade julen, men i år hade något varit annorlunda. Han hade hört talas om en gammal legend om en magisk julskatt som var gömd någonstans i byn.

Legenden berättade om en skatt som hade legat gömd i hundratals år, skyddad av en mystisk julande elf som hette Snöyra. Ingen visste vad skatten var, men det sades att den hade en speciell förmåga att sprida julglädje till alla som upptäckte den.

En morgon när Emil var ute och byggde sin största snögubbe någonsin, stötte han på något konstigt – en gammal, glittrande nyckel som låg gömd under snön. Nyckeln var insvept i en liten bit röd sammet och hade en förgylld stjärna ingraverad på den. Emil visste genast att det var en ledtråd till den mystiska skatten.

Med nyckeln i handen rusade Emil hem till sin hund, Bamse, som också var hans bästa vän. Tillsammans började de undersöka varje vrå och varje hus i byn för att hitta det lås som nyckeln passade till. Det var en härlig resa fylld med skratt, äventyr och massor av små problem som Emil och Bamse behövde lösa. De stötte på knasiga figurer som Gråbeppe, den gamla katten som älskade att ta långsamma promenader, och Mamma Hedda, som bakade de mest märkliga julspecerierna.

Efter flera dagar av letande började Emil tvivla. Kanske var nyckeln bara en gammal, glittrande skrot? Just när han var på väg att ge upp, märkte han något konstigt vid byns gamla klockstapel. Det såg ut som en hemlig lucka som var delvis täckt av snö. Emil kände att hans hjärta började slå snabbare. Han tog fram nyckeln och stoppade den försiktigt i låset. Med ett litet klick öppnades luckan, och där bakom gömde sig en gammal trälåda.

När Emil öppnade lådan, blev han förvånad över vad han fann. I lådan låg inte guld eller juveler, utan en gammal, dammig bok och ett brev. Brevet var skrivet av Snöyra själv och berättade att den verkliga skatten inte var något materiellt, utan glädjen och kärleken man kunde ge till andra.

Med boken i handen, rusade Emil tillbaka till byn och samlade alla barnen och vuxna för att dela med sig av den magiska boken. Boken innehöll gamla julsånger, berättelser och recept på julkakor som kunde förvandla varje julfest till något speciellt. Den riktiga skatten visade sig vara den gemenskap och glädje som Emil och hans vänner skapade tillsammans genom att dela med sig av bokens innehåll.

När julen kom, var hela Knäckeborg fylld med skratt och värme. Emil förstod nu att den mest värdefulla skatten inte var något man kunde hålla i sina händer, utan något man kände i sitt hjärta. Och från den dagen, varje år, firade de byborna jul med den största glädje, för de visste att den verkliga julskatten var att ge kärlek och gemenskap till varandra.

The Secret of the Christmas Treasure

It was a frosty December morning in the small village of Knäckeborg, where each house was dressed in snow gear and the scents of Christmas floated in the air. Here lived a young boy named Emil, known for his unshakable curiosity and sparkling eyes. Emil loved Christmas, but this year something was different. He had heard about an old legend of a magical Christmas treasure hidden somewhere in the village.

The legend spoke of a treasure that had been hidden for hundreds of years, guarded by a mysterious Christmas elf named Snowyra. No one knew what the treasure was, but it was said to have a special power to spread Christmas joy to anyone who discovered it.

One morning, as Emil was outside building his biggest snowman ever, he came across something strange – an old, glittering key hidden under the snow. The key was wrapped in a small piece of red velvet and had a gilded star engraved on it. Emil immediately knew it was a clue to the mysterious treasure.

With the key in hand, Emil rushed home to his dog, Bamse, who was also his best friend. Together, they began to search every nook and cranny of the village to find the lock that the key fit. It was a delightful journey filled with laughter, adventure, and lots of small problems that Emil and Bamse had to solve. They encountered quirky characters like Gråbeppe, the old cat who loved to take slow walks, and Mama Hedda, who baked the most peculiar Christmas treats.

After several days of searching, Emil began to doubt. Perhaps the key was just old, glittering junk? Just when he was about to give up, he noticed something strange at the village's old clock tower. It looked like a secret hatch partially covered with snow. Emil felt his heart start to beat faster.

He took out the key and carefully inserted it into the lock. With a small click, the hatch opened, and behind it was an old wooden box.

When Emil opened the box, he was surprised by what he found. Inside the box was not gold or jewels, but an old, dusty book and a letter. The letter was written by Snowyra herself and explained that the real treasure was not material but the joy and love one could give to others.

With the book in hand, Emil rushed back to the village and gathered all the children and adults to share the magical book. The book contained old Christmas songs, stories, and recipes for Christmas cookies that could turn any Christmas party into something special. The real treasure turned out to be the community and joy Emil and his friends created together by sharing the book's contents.

When Christmas came, the whole village of Knäckeborg was filled with laughter and warmth. Emil now understood that the most valuable treasure was not something you could hold in your hands but something you felt in your heart. And from that day on, every year, the villagers celebrated Christmas with the greatest joy, knowing that the true Christmas treasure was giving love and togetherness to one another.

Den Försvunna Julstjärnan

I den lilla byn Knäppby, som låg inbäddad i en vintervärld av gnistrande snö och frostiga träd, var julen den mest magiska tiden på året. Husen var dekorerade med glittrande ljus och granarna var prydda med glänsande kulor. Men i år hade något oväntat inträffat. Den stora julstjärnan som vanligtvis prydde byns julgran på torget hade försvunnit.

Knäppby var inte en vanlig by. Förutom sina vänliga invånare och vackra omgivningar, hade den ett eget bibliotek med en hemlig sektion full av magiska böcker och en mystisk gammal man vid namn Herr Mörkhag som var känd för sina spännande äventyr och sin förkärlek för julen.

När barnen i Knäppby vaknade den 1 december, var alla förväntansfulla och glada för den kommande julfesten. Men när de kom till torget för att hjälpa till med att pynta granen, upptäckte de att den stora stjärnan var borta. Det var som om den hade försvunnit i tomma intet.

Bland de förtvivlade barnen var Elsa, en modig och nyfiken flicka med stora drömmar, och hennes bästa vän, Viktor, en ung pojke med en förkärlek för mysterier och gåtor. Tillsammans bestämde de sig för att lösa gåtan och rädda julen för alla i byn. De visste att de behövde hjälp från någon som verkligen kände till Knäppbys hemligheter, så de begav sig till Herr Mörkhag.

Herr Mörkhag bodde i ett gammalt hus på byns kant. Huset var klätt i snö, och röken från skorstenen steg upp i luften som en magisk dimma. När Elsa och Viktor knackade på dörren, öppnade Herr Mörkhag med ett vänligt leende och en glimt av hemlighet i ögonen.

”Hej barn, vad kan jag hjälpa er med?” frågade Herr Mörkhag.

”Herr Mörkhag, vår julstjärna är borta!” utbrast Elsa. ”Vi behöver er hjälp för att hitta den!”

Herr Mörkhag rynkade pannan och tänkte efter en stund. Han tog sedan fram en gammal, dammig bok från en hylla som nästan var dold i skuggan.

”Jag har en bok här som kanske kan ge oss en ledtråd”, sa Herr Mörkhag och öppnade boken till en sida med en gammal ritning. ”Enligt den här boken, finns det en magisk plats i skogen där man kan hitta försvunna saker.”

Elsa och Viktor studerade ritningen noggrant. Den visade dolda stigar och märkliga symboler som ledde till en plats kallad 'Stjärnsjön'. De visste att det skulle bli ett farligt äventyr, men de var beredda på att göra vad som helst för att rädda julen.

Med en korvbrödsmörgås och en termos varm choklad i ryggsäcken gav sig Elsa och Viktor ut på den snötäckta stigen som ledde till Stjärnsjön. De kämpade genom djup snö och över hala isar, följde ritningen och kom fram till en mystisk, glittrande sjö som såg ut som om den var täckt av stjärnor.

Men det var något som inte stämde. Vid sjöns kant låg en gammal släde, och vid släden stod en gammal kvinna med en lång, böjd näsa och ett förkläde fullt av julgodis. Hon såg både vänlig och lite lurig ut.

”God dag!” sa kvinnan med ett knorrande skratt. ”Vad gör ni här vid Stjärnsjön?”

”Vi letar efter vår julstjärna”, sa Viktor modigt. ”Vi tror att den kan ha hamnat här.”

Kvinnan blinkade med sina ögon och log ett hemlighetsfullt leende. ”Julstjärnan? Hmm, jag kanske har sett något sådant. Men först, vill ni hjälpa mig med en liten uppgift?”

Elsa och Viktor såg på varandra men nickade samstämmigt. De följde kvinnan till en gammal lada där hon bad dem att samla in snöiga kottar och bär för att göra julgodis. Under tiden pratade kvinnan om gamla jultraditioner och berättade skrönor om julens magi.

När Elsa och Viktor hade samlat allt hon bad om, satte sig kvinnan ner och började bearbeta godiset med stor skicklighet. Efter en stund räckte hon dem en glittrande liten ask.

”Här är något som kan hjälpa er”, sa hon med ett leende. ”Men kom ihåg, magin kommer alltid från ert hjärta.”

Elsa och Viktor tog emot asken och började gå tillbaka till byn. På vägen hem pratade de om vad de hade sett och undrade om den gamla kvinnan verkligen hade varit ett magiskt väsen. När de kom tillbaka till torget, öppnade de asken och fann en liten lapp och en nyckel med en stjärna på.

Lappen innehöll en gåta: ”Den som söker med ett rent hjärta finner det som förlorats, om de följer stjärnans ljus och tror på magi.”

Elsa och Viktor tittade på varandra och visste vad de behövde göra. De tog nyckeln och följde stjärnans ljus tillbaka till den stora granen på torget. Vid granen fann de en hemlig lucka gömd under snön.

Med hjälp av nyckeln öppnade de luckan och där, i en liten, gammal låda, fann de den försvunna julstjärnan, som glittrade mer än någonsin. De satte tillbaka stjärnan på toppen av granen och det kändes som hela Knäppby fylldes med ljus och värme.

Byns invånare samlades runt granen och firade med glädje och skratt. Herr Mörkhag kom också dit och tackade Elsa och Viktor för deras mod och beslutsamhet. Det blev en julfest att minnas, fylld med sång, skratt och magi.

Elsa och Viktor förstod nu att julens verkliga magi inte bara låg i stjärnan, utan i det gemensamma arbetet och den värme de delade med varandra. Och från den dagen framåt, varje år, när julen kom, kom hela Knäppby tillsammans för att fira och påminna sig själva om att den verkliga julmagin kommer från hjärtat.

The Missing Christmas Star

In the small village of Knäppby, nestled in a winter world of sparkling snow and frosty trees, Christmas was the most magical time of the year. The houses were adorned with glittering lights, and the trees were decorated with shining baubles. But this year, something unexpected had happened. The large Christmas star that usually topped the village Christmas tree in the square had vanished.

Knäppby was not an ordinary village. Besides its friendly inhabitants and beautiful surroundings, it had its own library with a secret section full of magical books and a mysterious old man named Mr. Mörkhag, known for his exciting adventures and love for Christmas.

When the children of Knäppby woke up on December 1st, everyone was excited and happy for the upcoming Christmas festivities. But when they went to the square to help decorate the tree, they discovered that the large star was missing. It was as if it had disappeared into thin air.

Among the distressed children were Elsa, a brave and curious girl with big dreams, and her best friend Viktor, a young boy with a penchant for mysteries and riddles. Together, they decided to solve the mystery and save Christmas for everyone in the village. They knew they needed help from someone who truly understood Knäppby's secrets, so they headed to Mr. Mörkhag.

Mr. Mörkhag lived in an old house on the edge of the village. The house was covered in snow, and the smoke from the chimney rose into the air like a magical mist. When Elsa and Viktor knocked on the door, Mr. Mörkhag opened it with a friendly smile and a hint of mystery in his eyes.

"Hello children, how can I help you?" Mr. Mörkhag asked.

"Mr. Mörkhag, our Christmas star is gone!" Elsa exclaimed. "We need your help to find it!"

Mr. Mörkhag furrowed his brow and thought for a moment. He then took out an old, dusty book from a shelf that was almost hidden in the shadows.

"I have a book here that might give us a clue," Mr. Mörkhag said, opening the book to a page with an old drawing. "According to this book, there is a magical place in the forest where one can find lost things."

Elsa and Viktor carefully studied the drawing. It showed hidden paths and strange symbols that led to a place called "The Star Lake." They knew it would be a dangerous adventure, but they were ready to do whatever it took to save Christmas.

With a sandwich and a thermos of hot cocoa in their backpacks, Elsa and Viktor set off on the snow-covered trail leading to the Star Lake. They trudged through deep snow and across slippery ice, following the map, and eventually arrived at a mysterious, shimmering lake that looked like it was covered in stars.

But something was amiss. By the lake's edge stood an old sleigh, and next to it stood an old woman with a long, hooked nose and an apron full of Christmas treats. She looked both friendly and a bit mischievous.

"Good day!" the woman said with a chuckling laugh. "What are you doing here at Star Lake?"

"We're looking for our Christmas star," Viktor said bravely. "We think it might be here."

The woman blinked her eyes and smiled a secretive smile. "The Christmas star? Hmm, I might have seen something like that. But first, would you like to help me with a little task?"

Elsa and Viktor looked at each other but nodded in agreement. They followed the woman to an old barn where she asked them to gather snowy pine cones and berries to make Christmas candy. Meanwhile, the woman talked about old Christmas traditions and told tales about the magic of Christmas.

When Elsa and Viktor had gathered everything she asked for, the woman sat down and began to craft the candy with great skill. After a while, she handed them a sparkling little box.

“Here’s something that might help you,” she said with a smile. “But remember, magic always comes from your heart.”

Elsa and Viktor took the box and began their journey back to the village. On the way home, they talked about what they had seen and wondered if the old woman had been a magical being. When they returned to the square, they opened the box and found a small note and a key with a star on it.

The note contained a riddle: “He who seeks with a pure heart finds what is lost, if they follow the star's light and believe in magic.”

Elsa and Viktor looked at each other and knew what they needed to do. They took the key and followed the star’s light back to the large tree in the square. By the tree, they found a hidden compartment buried under the snow.

With the help of the key, they opened the compartment and there, in a small, old box, they found the missing Christmas star, shining more brightly than ever. They placed the star back on top of the tree, and it felt as though the whole village of Knäppby was filled with light and warmth.

The villagers gathered around the tree and celebrated with joy and laughter. Mr. Mörkhag also came by and thanked Elsa and Viktor for their courage and determination. It became a Christmas party to remember, filled with song, laughter, and magic.

Elsa and Viktor now understood that the true magic of Christmas was not just in the star, but in the teamwork and warmth they shared with each other. And from that day forward, every year when Christmas came, the whole village of Knäppby came together to celebrate and remind themselves that the true Christmas magic comes from the heart.

Ett Juläventyr

Det var en kall, gnistrande decembermorgon i den lilla byn Skogsbyn, som låg inbäddad mellan höga, snöklädda berg. Byn var som tagen ur en julkortsbild, med sina charmiga hus som var prydda med färgglada juldekorationer och en stor, vacker julgran som stod på torget och glittrade i vintermörkret.

Byns barn, särskilt den livliga och nyfikna Elina och hennes bästa vän Max, älskade julen mer än något annat. De älskade att åka pulka, bygga snögubbar och framför allt att höra de gamla julsagorna som deras mormor brukade berätta. En av sagorna handlade om en magisk tomteskatt som enligt legenden var gömd någonstans i Skogsbyn, och det sades att den skatten hade kraften att sprida glädje och magi under hela julen.

Men i år hade något märkligt inträffat. En natt när Elina och Max var på väg hem efter att ha sett en fantastisk julfilm på byns lilla biograf, stötte de på något ovanligt vid kanten av skogen. En gammal, dammig kista låg gömd under ett täcke av snö. Kistan var täckt med snöflingor som glittrade i månens ljus, och ett mystiskt ljus strålade svagt genom springorna.

"Max, se på det här!" Elina viskade ivrigt."Det här måste vara något speciellt!"

Max, som alltid var redo för ett äventyr, nickade och tillsammans öppnade de kistan. Inuti fann de en gammal, läderinbunden bok med en stämpel av en tomte och en nyckel som var lika gammal som kistan själv. Boken var full av mystiska symboler och verser som de inte riktigt kunde förstå, men nyckeln hade en gammal inskription som sa: "Till den som söker med hjärtat."

Elina och Max tog nyckeln och boken till byns bibliotek där de träffade den vänliga bibliotekarien, fru Svedberg. Fru Svedberg var känd för sin enorma kunskap om byns historia och hennes förmåga att lösa mysterier. Efter att ha studerat boken och nyckeln, förklarade hon att de båda var en del av en gammal legend om Tomteskatten, en skatt som hade gömts av den allra första jultomten för många hundra år sedan. Enligt legenden skulle skatten öppnas på julafton och sprida magi och glädje över hela byn.

"Det finns en gammal berättelse om en hemlig plats som är förknippad med skatten," sa fru Svedberg och pekade på en gammal karta. "Kartan visar en plats kallad 'Julens hemliga dal', och det verkar som om nyckeln är avgörande för att öppna den kista där skatten är gömd."

Elina och Max visste att de behövde hitta denna hemliga dal och öppna skatten innan julafton. De begav sig mot skogen med kartan och nyckeln i handen, och deras hjärtan var fyllda med både spänning och förväntan.

Resan genom skogen var magisk men också utmanande. De mötte snöiga stigar, isiga floder och mystiska skogsväsen. Vid ett tillfälle hjälpte en vänlig räv dem att hitta en förlorad väg genom skogen. Vid ett annat tillfälle blev de vägledda av ett skenande ljus som visade sig vara ett gäng glittrande älvor som dansade runt en snöig glänta.

När de till slut kom fram till platsen på kartan, fann de en gammal, täckt ingång till en grotta som var prydd med isiga kristaller och gnistrande snö. Med hjärtan som slog snabbare gick de in i grottan och följde en smal gång som ledde djupt in i berget.

I grottans mitt fann de en stor, vacker kista, täckt av snö och is. Nyckeln passade perfekt i låset, och när de vred om den, öppnades kistan med ett magiskt ljus. Inuti kistan låg en fantastisk, glittrande julstjärna omgiven av gnistrande konfetti och magiska julsaker. Men det mest speciella av allt var en liten bok som såg ut att vara fylld med julens alla hemligheter.

När Elina och Max öppnade boken, började sidorna skimra och en mjuk, magisk röst började läsa högt: "Den sanna julskatten är inte något du kan hålla i dina händer, utan något du känner i ditt hjärta. Sprid glädje, dela kärlek, och du kommer att upptäcka den verkliga magin."

De förstod nu att den verkliga skatten inte var själva stjärnan eller de magiska julsakerna, utan glädjen och kärleken de kunde dela med sina vänner och familj. De packade försiktigt ner skatten och började gå tillbaka till byn, där de planerade att fira julen på ett helt nytt sätt.

När Elina och Max kom tillbaka till Skogsbyn, var det dags för julafton. De samlade byns alla invånare och berättade om sitt äventyr och om den magiska bokens budskap. Tillsammans dekorerade de byns stora julgran med den glittrande stjärnan och andra magiska julsaker. De hade också en stor fest där alla delade mat, sånger och skratt.

Den kvällen var Skogsbyn fylld med en speciell magi. Människor i byn kände sig mer sammansvetsade än någonsin och barnens ögon glittrade av förväntan och glädje. Elina och Max visste nu att det mest värdefulla med julen var att vara tillsammans och sprida kärlek och glädje till alla omkring sig.

Och så slutade juläventyret i Skogsbyn, med en påminnelse om att den mest underbara julmagin av alla kommer från hjärtat.

A Christmas Adventure

It was a cold, sparkling December morning in the little village of Skogsbyn, nestled between tall, snow-covered mountains. The village looked like it had been taken out of a Christmas card, with its charming houses adorned with colorful decorations and a large, beautiful Christmas tree standing in the square, twinkling in the winter darkness.

The children of the village, especially the lively and curious Elina and her best friend Max, loved Christmas more than anything else. They loved sledding, building snowmen, and, most of all, hearing the old Christmas stories their grandmother used to tell. One of the stories was about a magical Santa Claus treasure hidden somewhere in Skogsbyn, and it was said that this treasure had the power to spread joy and magic throughout Christmas.

But this year, something strange had happened. One night, as Elina and Max were heading home after watching a fantastic Christmas movie at the village's little cinema, they stumbled upon something unusual at the edge of the forest. An old, dusty chest was hidden under a blanket of snow. The chest was covered in snowflakes that sparkled in the moonlight, and a mysterious light shone faintly through the cracks.

"Max, look at this!" Elina whispered excitedly. "This must be something special!"

Max, always ready for an adventure, nodded, and together they opened the chest. Inside, they found an old leather-bound book with a stamp of Santa Claus and a key that was as old as the chest itself. The book was full of mysterious symbols and verses they couldn't quite understand, but the key had an old inscription that read, "To those who seek with their heart."

Elina and Max took the key and the book to the village library, where they met the friendly librarian, Mrs. Svedberg. Mrs. Svedberg was known for her vast knowledge of the village's history and her ability to solve mysteries. After studying the book and the key, she explained that they were part of an old legend about Santa Claus's treasure, a treasure hidden by the very first Santa Claus many hundreds of years ago. According to the legend, the treasure could be opened on Christmas Eve and spread magic and joy throughout the village.

"There's an old tale about a secret place associated with the treasure," Mrs. Svedberg said, pointing to an old map. "The map shows a place called 'Christmas's Secret Valley,' and it seems the key is crucial for opening the chest where the treasure is hidden."

Elina and Max knew they had to find this secret valley and open the treasure before Christmas Eve. They set off towards the forest with the map and key in hand, their hearts filled with both excitement and anticipation.

The journey through the forest was magical but also challenging. They encountered snowy trails, icy rivers, and mysterious forest creatures. At one point, a friendly fox helped them find a lost path through the forest. At another, they were guided by a shimmering light that turned out to be a group of twinkling fairies dancing around a snowy glade.

Eventually, they arrived at the location marked on the map and found an old, covered entrance to a cave, adorned with icy crystals and sparkling snow. With hearts pounding, they entered the cave and followed a narrow passage leading deep into the mountain.

In the heart of the cave, they discovered a large, beautiful chest covered in snow and ice. The key fit perfectly into the lock, and when they turned it, the chest opened with a magical glow. Inside the chest lay a magnificent, sparkling Christmas star surrounded by shimmering confetti and magical

Christmas items. But the most special thing of all was a little book that appeared to be filled with Christmas secrets.

As Elina and Max opened the book, the pages began to shimmer, and a soft, magical voice began to read aloud: "The true Christmas treasure is not something you can hold in your hands but something you feel in your heart. Spread joy, share love, and you will discover the real magic."

They now understood that the real treasure was not the star or the magical Christmas items but the joy and love they could share with their friends and family. They carefully packed the treasure and began their journey back to the village, where they planned to celebrate Christmas in a whole new way.

When Elina and Max returned to Skogsbyn, it was Christmas Eve. They gathered all the villagers and shared their adventure and the magical book's message. Together, they decorated the village's large Christmas tree with the sparkling star and other magical Christmas items. They also had a grand party where everyone shared food, songs, and laughter.

That evening, Skogsbyn was filled with a special magic. The villagers felt more united than ever, and the children's eyes sparkled with anticipation and joy. Elina and Max now knew that the most valuable thing about Christmas was being together and spreading love and joy to everyone around them.

And thus ended the Christmas adventure in Skogsbyn, with a reminder that the most wonderful Christmas magic of all comes from the heart.

Christmas [illegible] that the most special gift of all was the book that appeared to [illegible] with Christmas spirit.

As Ellie and [illegible] the book, the pages began to shimmer, and [illegible] "The true Christmas treasure is not something [illegible] hold [illegible] you feel in your heart [illegible] and [illegible]."

They now understood that the real magic [illegible] the magical [illegible] and [illegible] with their friends and [illegible] carefully packed the [illegible] their journey back to the village, where they planned to [illegible] in a whole new way.

When Ellie and [illegible] returned to Maplewood, [illegible]. They gathered all [illegible] their adventure and the magical book [illegible] the village's [illegible] Christmas tree with [illegible] magical ornaments. They also had a [illegible].

That evening, [illegible] with a special [illegible]. The village felt more [illegible] the children [illegible] and joy. [illegible] that the most valuable thing about Christmas was [illegible] and spreading [illegible] around them.

And that [illegible] that the most [illegible].

De Försvunna Julklapparna

I den lilla byn Nyckelbyn, belägen vid foten av de mäktiga Klätterbergen, var julen en tid av stor glädje och magi. Varje år under den kallaste månaden samlades byns invånare för att fira den mest glittrande och stämningsfulla tid på året. Byn var täckt av ett tjockt lager snö, och varje hus var dekorerat med blinkande ljus, glittrande julkulor och frostiga girlander.

Bland alla barn i Nyckelbyn fanns två speciella vänner: Elin och Leo. Elin var en orädd flicka med en livlig fantasi, och Leo var hennes bästa vän, en pojke med en förkärlek för mysterier och äventyr. Tillsammans hade de upplevt många spännande äventyr, men detta år skulle bli deras största utmaning någonsin.

Det var den 22 december, och hela byn förberedde sig för den stora julfesten. Julklappar var packade och väntade på att delas ut, granen var smyckad och julljusen blinkade i takt med byns glädje. Men mitt under förberedelserna började något mystiskt hända. De julklappar som skulle delas ut på julafton började försvinna! Det var som om de hade försvunnit i tomma intet.

Elin och Leo, som var mycket förtjusta i julen och ville att allt skulle vara perfekt, beslöt sig för att ta reda på vad som hade hänt. De började med att söka igenom byn, men de kunde inte hitta några ledtrådar. I deras sökande stötte de på en gammal bokhandel som de aldrig hade lagt märke till tidigare. Bokhandeln var liten och hade en sliten skylt som sa: "Mysterier och Magi."

De gick in i bokhandeln och möttes av en mystisk gammal man med grått skägg och en lång, röd rock. Han satt vid en stor bokhylla fylld med gamla, dammiga böcker.

"Välkomna, barn," sa den gamle mannen med ett vänligt leende. "Vad kan jag hjälpa er med?"

"Vi letar efter de försvunna julklapparna," sa Elin med beslutsamhet. "Vi har ingen aning om var de kan vara!"

Mannen såg på dem med ett glittrande öga och tog fram en gammal, sliten bok från en hylla. Han bläddrade fram till en sida och visade dem en karta över en mystisk plats som kallades "Tomteskogen." Enligt boken var Tomteskogen känd för sina hemligheter och magiska varelser, och det fanns en legend om att julklappar kunde försvinna i skogen och bli stulna av en klumpig trollkarl vid namn Klumpus.

"Enligt legenden finns det en hemlig ingång till Tomteskogen vid kanten av sjön," sa den gamle mannen. "Om ni hittar den, kanske ni kan hitta era julklappar."

Elin och Leo tackade mannen och gav sig iväg mot sjön. När de kom fram, upptäckte de en gammal, mossig dörr djupt begravd under snön. Med viss möda lyckades de öppna dörren och steg in i en magisk värld av gnistrande isgrottor och färgglada ljus.

De följde en smal gång som ledde djupt in i skogen och möttes snart av en rolig grupp av små tomtar, som hade stora, vänliga ansikten och kläder i alla regnbågens färger. Tomtarna berättade att Klumpus, den klumpiga trollkarlen, hade stulit julklapparna av misstag. Han hade egentligen bara velat använda magiska verktyg för att hjälpa tomtarna med deras arbete, men han råkade förväxla verktygen med julklapparna.

Klumpus, som bodde i ett gammalt slott som låg gömt bland snöklädda träd, hade skapat en förvirrande labyrint för att gömma alla stulna klappar. Elin och Leo visste att de behövde hitta labyrinten och få tillbaka julklapparna innan det var för sent.

De fick en karta från tomtarna och begav sig mot slottet. Labyrinten var fylld med snöiga fällor, magiska illusioner och knepiga gåtor. Elin och Leo hjälptes åt med att lösa gåtorna och navigera genom labyrinten. Under deras färd stötte de på en vänlig räv och en klok uggla som gav dem tips och ledtrådar.

När de slutligen kom till hjärtat av labyrinten, fann de Klumpus som satt omgiven av ett berg av julklappar. Han såg mycket bekymrad ut när han insåg att han hade orsakat så mycket förvirring. Klumpus förklarade att han hade varit så entusiastisk över att hjälpa tomtarna att han råkat stjäla julklapparna av misstag.

Elin och Leo förstod att Klumpus inte hade varit ond, utan bara förvirrad och klumpig. De erbjöd sig att hjälpa honom att återställa ordningen och se till att alla julklappar kom tillbaka till Nyckelbyn. Tillsammans packade de om julklapparna och följde kartan till en hemlig utgång från labyrinten.

När de kom tillbaka till Nyckelbyn var det nästan midnatt och byn var fylld med oro över de försvunna klapparna. Men Elin och Leo, tillsammans med Klumpus och tomtarna, hade en stor överraskning. De kom med alla julklappar i tid för den stora julfesten.

Byborna var överlyckliga och firade med ett magnifikt julaftonsparty. Klumpus blev vän med alla och lärde sig en viktig läxa om att vara noggrann med sina magiska verktyg. Elin och Leo blev hjältar i byn och visade alla att även den mest förvirrade trollkarlen kan ha goda avsikter.

Den kvällen när de satt runt den stora julgranen, fylld med klappar, skratt och glädje, förstod Elin och Leo att julens verkliga magi låg i vänskap, hjälpsamhet och att sprida glädje till andra.

The Missing Christmas Presents

In the small village of Nyckelbyn, located at the foot of the majestic Climbing Mountains, Christmas was a time of great joy and magic. Every year, during the coldest month, the village residents gathered to celebrate the most sparkling and festive time of the year. The village was covered in a thick layer of snow, and every house was decorated with twinkling lights, glittering Christmas baubles, and frosty garlands.

Among all the children in Nyckelbyn were two special friends: Elin and Leo. Elin was a fearless girl with a vivid imagination, and Leo was her best friend, a boy with a penchant for mysteries and adventures. Together, they had experienced many exciting adventures, but this year would be their biggest challenge yet.

It was December 22nd, and the entire village was preparing for the grand Christmas celebration. Christmas presents were wrapped and waiting to be distributed, the tree was adorned, and the Christmas lights twinkled to the village's joy. But in the midst of preparations, something mysterious began to happen. The Christmas presents meant to be given out on Christmas Eve started disappearing! It was as if they had vanished into thin air.

Elin and Leo, who were very fond of Christmas and wanted everything to be perfect, decided to find out what had happened. They started by searching the village, but they couldn't find any clues. In their search, they stumbled upon an old bookstore they had never noticed before. The bookstore was small and had a worn sign that read: 'Mysteries and Magic.'

They entered the bookstore and were greeted by a mysterious old man with a gray beard and a long red coat. He sat by a large bookshelf filled with old, dusty books.

'Welcome, children,' said the old man with a friendly smile. 'How can I help you?'

'We're looking for the missing Christmas presents,' Elin said with determination. 'We have no idea where they could be!'

The man looked at them with a twinkling eye and took out an old, worn book from a shelf. He turned to a page and showed them a map of a mysterious place called 'Santa's Forest.' According to the book, Santa's Forest was known for its secrets and magical creatures, and there was a legend that presents could disappear in the forest and be stolen by a clumsy wizard named Klumpus.

'According to the legend, there's a secret entrance to Santa's Forest at the edge of the lake,' the old man said. 'If you find it, you might be able to locate your missing presents.'

Elin and Leo thanked the man and headed towards the lake. When they arrived, they discovered an old, moss-covered door buried deep under the snow. With some effort, they managed to open the door and stepped into a magical world of sparkling ice caves and colorful lights.

They followed a narrow path that led deep into the forest and soon encountered a cheerful group of small elves, who had big, friendly faces and clothes in all the colors of the rainbow. The elves explained that Klumpus, the clumsy wizard, had stolen the presents by mistake. He had actually only wanted to use magical tools to help the elves with their work, but he accidentally mixed up the tools with the presents.

Klumpus, who lived in an old castle hidden among snow-covered trees, had created a confusing labyrinth to hide all the stolen presents. Elin and

Leo knew they needed to find the labyrinth and retrieve the presents before it was too late.

They received a map from the elves and set off towards the castle. The labyrinth was filled with snowy traps, magical illusions, and tricky riddles. Elin and Leo worked together to solve the riddles and navigate through the maze. Along their journey, they encountered a friendly fox and a wise owl who provided them with tips and clues.

When they finally reached the heart of the labyrinth, they found Klumpus surrounded by a mountain of Christmas presents. He looked very troubled when he realized that he had caused so much confusion. Klumpus explained that he had been so enthusiastic about helping the elves that he had accidentally stolen the presents.

Elin and Leo understood that Klumpus had not been malicious, but merely confused and clumsy. They offered to help him restore order and ensure that all the presents were returned to Nyckelbyn. Together, they repacked the presents and followed the map to a secret exit from the labyrinth.

When they returned to Nyckelbyn, it was almost midnight and the village was filled with concern over the missing presents. But Elin and Leo, along with Klumpus and the elves, had a big surprise. They arrived with all the Christmas presents just in time for the grand Christmas party.

The villagers were overjoyed and celebrated with a magnificent Christmas Eve party. Klumpus made friends with everyone and learned an important lesson about being careful with his magical tools. Elin and Leo became heroes in the village and showed everyone that even the most confused wizard could have good intentions.

That evening, as they sat around the large Christmas tree, filled with presents, laughter, and joy, Elin and Leo understood that the true magic of Christmas lay in friendship, helpfulness, and spreading joy to others.

Musen Malte och Julens Mirakel

Det var kvällen före julafton i den lilla byn Musköping. Snön föll mjukt över hustaken, och gatorna var tysta och fridfulla. Inne i de små husen var familjer upptagna med att förbereda inför julfirandet. Granar kläddes, kakor bakades och paket slogs in med omsorg. Men i ett litet hål under det stora huset vid torget bodde en mycket speciell mus vid namn Malte.

Malte var inte vilken mus som helst. Han var en liten, brun mus med stora, nyfikna ögon och en svans som var lika snabb som blixten. Han var känd för sin vänlighet och sitt mod, och han hade en speciell förmåga att sprida glädje vart han än gick. Men den här julen hade Malte ett mycket viktigt uppdrag.

Hela året hade Malte hört barnen i Musköping prata om julen. De talade om jultomten, julklappar och magin som kom med julen. Malte, som aldrig hade upplevt julen på riktigt, var mycket nyfiken. Han ville så gärna förstå vad som gjorde julen så speciell. Så han bestämde sig för att ta reda på det genom att hjälpa till att göra denna jul till den bästa någonsin.

Malte började sitt äventyr genom att smyga ut ur sitt lilla hål och in i det stora huset vid torget. Där bodde familjen Lindberg, en stor och varm familj med många barn. Malte såg sig omkring och blev förundrad över allt han såg. Det fanns en stor julgran med ljus som glittrade som stjärnor, och under granen låg färgglada paket. Köket var fyllt med doften av nybakade pepparkakor och kanelbullar.

Medan Malte smög omkring och beundrade allt, hörde han plötsligt ett svagt snyftande. Han följde ljudet och fann den yngsta dottern, lilla

Lotta, som satt ensam i ett hörn med tårar i ögonen. Malte kröp närmare och frågade försiktigt:

"Varför är du ledsen, Lotta?"

Lotta såg sig omkring, men kunde inte se Malte. Hon torkade bort en tår och viskade:

"Jag är orolig för att jultomten inte ska hitta hit. Vi har ingen skorsten, och jag vet inte hur han ska kunna komma in och lämna våra julklappar."

Malte förstod att han behövde hjälpa Lotta och alla andra barn i Musköping. Han bestämde sig för att hitta ett sätt för jultomten att leverera alla julklappar, även om det inte fanns någon skorsten. Han begav sig genast iväg för att leta efter en lösning.

Malte visste att han behövde råd från någon vis och klok. Han tänkte på ugglan Ulla, som bodde i det stora trädet i skogen utanför byn. Ulla var känd för sin vishet och hade svar på nästan alla frågor. Så Malte begav sig ut i den kalla vinternatten mot skogen.

Efter en stunds vandring kom Malte fram till Ullas träd. Han ropade upp till henne:

"Ulla, Ulla! Jag behöver din hjälp!"

Ulla, som sov på en gren, öppnade sina kloka ögon och såg ner på Malte.

"Vad kan jag hjälpa dig med, lilla vän?" frågade Ulla med sin mjuka, lugna röst.

Malte förklarade sin oro och berättade om Lotta och alla barnens rädsla att jultomten inte skulle hitta till deras hem. Ulla tänkte efter en stund och svarade sedan:

"Det finns ett gammalt magiskt föremål som kallas Julnyckeln. Med den kan man öppna vilken dörr som helst och släppa in julens magi, även om det inte finns någon skorsten. Julnyckeln är gömd i den stora, gamla eken mitt i skogen. Men var försiktig, Malte. Vägen dit är fylld med faror."

Malte tackade Ulla och begav sig genast mot den stora eken. Han visste att tiden var knapp och att han behövde skynda sig om han skulle hinna tillbaka innan julafton. Vägen genom skogen var lång och besvärlig. Han stötte på djupa snödrivor, isiga floder och mörka, skuggiga stigar. Men Malte var modig och beslutsam, och han fortsatte oförtrutet framåt.

Till slut nådde Malte den stora, gamla eken. Trädet var enormt, med grova grenar och en stam som var bredare än något annat träd i skogen. Malte letade efter Julnyckeln och hittade till slut en liten, gyllene nyckel gömd i en hålighet i stammen. Han tog försiktigt nyckeln och började sin resa tillbaka till Musköping.

När Malte återvände till byn var det redan julafton. Han smög in i huset vid torget och fann Lotta igen. Han visade henne den magiska nyckeln och förklarade hur den fungerade. Lotta blev överlycklig och visste precis vad hon skulle göra.

Tillsammans placerade de Julnyckeln vid dörren och önskade av hela sitt hjärta att jultomten skulle kunna komma in. På natten, medan alla sov, glittrade Julnyckeln till och skapade en magisk portal genom vilken jultomten kunde komma in och lämna alla julklappar.

På morgonen vaknade barnen i Musköping till en underbar syn. Under varje gran i varje hem fanns julklappar, och deras glädje var gränslös. Lotta berättade för sin familj om den lilla musen Malte och hur han hade räddat deras jul.

Malte, som satt gömd i sitt lilla hål, log nöjt. Han hade förstått vad som gjorde julen så speciell. Det var inte bara julklapparna eller granen, utan den kärlek och glädje som delades mellan vänner och familj.

Och så blev det en oförglömlig jul i Musköping. Varje år, när snön föll och julafton närmade sig, mindes alla den lilla musen Malte och hans modiga äventyr. Han hade visat dem att den sanna julmagin kommer från att hjälpa varandra och sprida glädje.

Malte the Mouse and the Christmas Miracle

It was the night before Christmas Eve in the small village of Musköping. Snow was falling softly over the rooftops, and the streets were quiet and peaceful. Inside the small houses, families were busy preparing for the Christmas celebrations. Trees were being decorated, cookies were being baked, and presents were being carefully wrapped. But in a small hole under the big house in the square lived a very special mouse named Malte.

Malte was not just any mouse. He was a little brown mouse with big, curious eyes and a tail as quick as lightning. He was known for his kindness and bravery, and he had a special ability to spread joy wherever he went. But this Christmas, Malte had a very important mission.

All year, Malte had heard the children in Musköping talking about Christmas. They spoke about Santa Claus, presents, and the magic that came with Christmas. Malte, who had never experienced Christmas properly, was very curious. He wanted so much to understand what made Christmas so special. So he decided to find out by helping make this Christmas the best ever.

Malte began his adventure by sneaking out of his little hole and into the big house in the square. There lived the Lindberg family, a large and warm family with many children. Malte looked around in awe at everything he saw. There was a big Christmas tree with lights that twinkled like stars, and under the tree were colorful presents. The kitchen was filled with the smell of freshly baked gingerbread and cinnamon buns.

As Malte sneaked around and admired everything, he suddenly heard a faint sniffle. He followed the sound and found the youngest daughter, little Lotta, sitting alone in a corner with tears in her eyes. Malte crawled closer and asked gently, "Why are you sad, Lotta?"

Lotta looked around but couldn't see Malte. She wiped away a tear and whispered, "I'm worried that Santa Claus won't find his way here. We don't have a chimney, and I don't know how he'll be able to come in and leave our presents."

Malte understood that he needed to help Lotta and all the other children in Musköping. He decided to find a way for Santa to deliver all the presents, even if there was no chimney. He immediately set off to look for a solution.

Malte knew he needed advice from someone wise and knowledgeable. He thought of Ulla the Owl, who lived in the big tree in the forest outside the village. Ulla was known for her wisdom and had answers to almost all questions. So Malte set off into the cold winter night towards the forest.

After a while, Malte reached Ulla's tree. He called up to her, "Ulla, Ulla! I need your help!"

Ulla, who was sleeping on a branch, opened her wise eyes and looked down at Malte. "What can I help you with, little friend?" asked Ulla in her soft, calm voice.

Malte explained his concern and told her about Lotta and all the children's fear that Santa wouldn't find their homes. Ulla thought for a moment and then replied, "There is an old magical item called the Christmas Key. With it, you can open any door and let in the magic of Christmas, even if there is no chimney. The Christmas Key is hidden in the great old oak in the middle of the forest. But be careful, Malte. The way there is full of dangers."

Malte thanked Ulla and set off towards the great oak. He knew time was running out and he needed to hurry if he was going to get back before Christmas Eve. The way through the forest was long and treacherous. He encountered deep snowdrifts, icy rivers, and dark, shadowy paths. But Malte was brave and determined, and he continued relentlessly forward.

Finally, Malte reached the great old oak. The tree was enormous, with thick branches and a trunk wider than any other tree in the forest. Malte searched for the Christmas Key and eventually found a small golden key hidden in a hollow in the trunk. He carefully took the key and began his journey back to Musköping.

When Malte returned to the village, it was already Christmas Eve. He sneaked into the house in the square and found Lotta again. He showed her the magical key and explained how it worked. Lotta was overjoyed and knew exactly what to do.

Together, they placed the Christmas Key by the door and wished with all their hearts that Santa Claus would be able to come in. That night, while everyone was asleep, the Christmas Key glittered and created a magical portal through which Santa Claus could come in and leave all the presents.

In the morning, the children of Musköping woke up to a wonderful sight. Under each tree in every home were presents, and their joy knew no bounds. Lotta told her family about the little mouse Malte and how he had saved their Christmas.

Malte, who was hiding in his little hole, smiled contentedly. He had understood what made Christmas so special. It wasn't just the presents or the tree, but the love and joy shared between friends and family.

And so it was an unforgettable Christmas in Musköping. Every year, when the snow fell and Christmas Eve approached, everyone remembered the little mouse Malte and his brave adventure. He had shown them that the true magic of Christmas comes from helping each other and spreading joy.

Katten Kajsa och Julens Hemlighet

Det var julaftons morgon i den lilla byn Snöflingeby. Snön låg som ett vitt täcke över hustaken och marken, och luften var fylld av förväntan och glädje. I ett av de små, mysiga husen bodde en katt vid namn Kajsa. Kajsa var inte vilken katt som helst – hon var en gråspräcklig katt med stora, klara ögon och en svans som var så yvig att den såg ut som en liten borste. Kajsa var känd för sin nyfikenhet och sitt äventyrssinne.

Denna jul var Kajsa särskilt uppspelt. Hon hade hört sin familj prata om en mycket speciell julklapp som skulle komma på julafton, men ingen visste vad det var. Hennes mänskliga familj, som bestod av mamma Anna, pappa Johan och lilla Lisa, var lika förväntansfulla som hon själv. De hade dekorerat huset med ljus och glitter, och den stora julgranen stod ståtligt i vardagsrummet med julklappar prydligt staplade under den.

Men det var något som oroade Kajsa. På kvällen före julafton hade hon hört något ovanligt. När alla andra sov hade hon hört ett svagt ljud, som ett mjukt skratt, komma från skogen bakom huset. Hennes nyfikenhet tog över, och hon bestämde sig för att undersöka vad det kunde vara.

Kajsa smög ut ur huset och gick försiktigt genom den gnistrande snön mot skogen. Hon var modig, men kände ändå en liten pirrande känsla av spänning och oro. Skogen var mörk och tyst, men Kajsa hade skarpa sinnen och kunde se och höra allt omkring sig. Plötsligt såg hon ett svagt sken mellan träden. Hon följde ljuset och kom fram till en liten, gömd glänta.

Där, mitt i gläntan, stod en liten nisse och jobbade med något som såg ut som en stor säck. Nissen var liten och hade en röd luva som nästan täckte hans busiga ögon. Kajsa tassade försiktigt närmare och nissen såg upp med ett överraskat leende.

"Vem är du?" frågade nissen med en glad röst.

"Jag heter Kajsa, och jag bor i huset där borta," svarade Kajsa och pekade med sin svans mot huset. "Vad gör du här ute så sent på natten?"

Nissen skrattade och satte händerna i sidorna.

"Jag heter Niklas, och jag är en av tomtens hjälpare. Jag har varit upptagen med att förbereda alla julklappar inför julen. Men jag har ett problem. En av de viktigaste julklapparna har försvunnit, och jag kan inte hitta den någonstans!"

Kajsa kände hur hennes hjärta bultade snabbare. Detta var en chans att hjälpa till och kanske upptäcka något riktigt speciellt.

"Kanske kan jag hjälpa dig att hitta den," föreslog Kajsa med en beslutsam blick.

Niklas log tacksamt och nickade. Tillsammans började de leta i skogen, under buskar och bakom träd. Men det var inte så enkelt som de hade trott. Skogen var stor, och det fanns många ställen där en julklapp kunde gömma sig.

Medan de letade berättade Niklas för Kajsa om tomtens magi och alla de förberedelser som krävdes för att göra julen så speciell för barnen. Kajsa lyssnade fascinerat och insåg hur mycket arbete som låg bakom varje julfirande.

Efter en lång stunds sökande kom de fram till en liten stuga djupt inne i skogen. Ljuset lyste svagt genom fönstren, och Kajsa kände en konstig doft av pepparkakor och choklad. Niklas knackade försiktigt på dörren, och den öppnades av en äldre nisse med ett vänligt ansikte.

"Åh, Niklas! Vad gör du här så sent?" frågade den äldre nissen.

"Vi letar efter en försvunnen julklapp," svarade Niklas. "Har du sett något misstänkt, Mor Nisse?"

Mor Nisse skakade på huvudet men bjöd in dem i stugan för att värma sig. Kajsa och Niklas satte sig vid elden och berättade om sitt uppdrag. Plötsligt hörde de ett svagt pipande ljud från ett hörn av stugan. Kajsa tassade försiktigt över och lyfte på en gammal filt. Där under fann hon en liten mus som höll i en skimrande julklapp med en gyllene rosett.

Musen såg upp med stora, rädda ögon.

"Förlåt, jag ville inte stjäla den," pep musen. "Jag trodde bara att det var en vanlig leksak och ville leka med den."

Kajsa log vänligt och sträckte fram tassen.

"Ingen fara, lilla vän. Vi är bara glada att vi hittade den. Denna julklapp är mycket viktig och måste levereras i tid."

Musen gav tillbaka julklappen, och Niklas tackade honom varmt. Kajsa kände en våg av lättnad och glädje. De hade hittat den försvunna julklappen och kunde nu återvända hem.

När de kom tillbaka till huset i Snöflingeby var det tidigt på morgonen. Niklas tackade Kajsa för hennes hjälp och sa farväl. Kajsa smög in i huset igen och lade sig vid elden för att vila. Hon kände sig lycklig och stolt över att ha hjälpt till att rädda julen.

På morgonen vaknade familjen med glada rop och skratt när de öppnade sina julklappar. Lisa skrek av glädje när hon öppnade den skimrande julklappen med den gyllene rosetten. Inuti fanns en vacker musiksnurra som spelade en mjuk melodi. Det var den speciella julklappen som alla hade väntat på.

Kajsa låg och tittade på sin familj med en varm känsla i hjärtat. Hon förstod nu vad som gjorde julen så speciell. Det var inte bara julklapparna eller granen, utan den kärlek och glädje som delades mellan vänner och familj. Det var att hjälpa varandra och sprida glädje.

Och så blev det en oförglömlig jul i Snöflingeby. Varje år när snön föll och julafton närmade sig mindes alla katten Kajsa och hennes äventyr. För julens verkliga magi ligger i att sprida kärlek och glädje till alla omkring oss.

Kajsa the Cat and the Christmas Secret

It was Christmas Eve morning in the small village of Snöflingeby. The snow lay like a white blanket over the rooftops and ground, and the air was filled with anticipation and joy. In one of the small, cozy houses lived a cat named Kajsa. Kajsa was not just any cat – she was a gray-spotted cat with big, clear eyes and a tail so bushy it looked like a little brush. Kajsa was known for her curiosity and adventurous spirit.

This Christmas, Kajsa was especially excited. She had heard her family talking about a very special Christmas gift that would arrive on Christmas Eve, but no one knew what it was. Her human family, consisting of mother Anna, father Johan, and little Lisa, were as excited as she was. They had decorated the house with lights and glitter, and the big Christmas tree stood proudly in the living room with gifts neatly stacked underneath.

But something was worrying Kajsa. On the night before Christmas Eve, she had heard something unusual. When everyone else was asleep, she had heard a faint sound, like a soft laugh, coming from the forest behind the house. Her curiosity took over, and she decided to investigate what it could be.

Kajsa sneaked out of the house and walked carefully through the sparkling snow towards the forest. She was brave but felt a little tingle of excitement and worry. The forest was dark and quiet, but Kajsa had sharp senses and could see and hear everything around her. Suddenly, she saw a faint light between the trees. She followed the light and came to a small, hidden glade.

There, in the middle of the glade, stood a little elf working on something that looked like a big sack. The elf was small and had a red hat that almost covered his mischievous eyes. Kajsa tiptoed closer, and the elf looked up with a surprised smile.

"Who are you?" asked the elf in a cheerful voice.

"My name is Kajsa, and I live in the house over there," replied Kajsa, pointing with her tail towards the house. "What are you doing out here so late at night?"

The elf laughed and put his hands on his hips.

"My name is Niklas, and I am one of Santa's helpers. I have been busy preparing all the Christmas presents for Christmas. But I have a problem. One of the most important Christmas presents has disappeared, and I can't find it anywhere!"

Kajsa felt her heart beat faster. This was a chance to help and maybe discover something really special.

"Maybe I can help you find it," Kajsa suggested with a determined look.

Niklas smiled gratefully and nodded. Together, they began searching the forest, under bushes and behind trees. But it wasn't as easy as they had thought. The forest was large, and there were many places where a Christmas present could hide.

As they searched, Niklas told Kajsa about Santa's magic and all the preparations required to make Christmas so special for the children. Kajsa listened fascinated and realized how much work went into every Christmas celebration.

After a long search, they came to a small cabin deep in the forest. Light shone faintly through the windows, and Kajsa smelled a strange scent of gingerbread and chocolate. Niklas knocked gently on the door, and it was opened by an older elf with a friendly face.

"Oh, Niklas! What are you doing here so late?" asked the older elf.

"We are looking for a missing Christmas present," replied Niklas. "Have you seen anything suspicious, Mother Elf?"

Mother Elf shook her head but invited them into the cabin to warm up. Kajsa and Niklas sat by the fire and told her about their mission. Suddenly, they heard a faint squeaking sound from a corner of the cabin. Kajsa tiptoed over and lifted an old blanket. Underneath, she found a little mouse holding a shimmering Christmas present with a golden bow.

The mouse looked up with big, scared eyes.

"I'm sorry, I didn't mean to steal it," squeaked the mouse. "I just thought it was a regular toy and wanted to play with it."

Kajsa smiled kindly and extended her paw.

"No worries, little friend. We are just glad we found it. This Christmas present is very important and needs to be delivered on time."

The mouse handed back the present, and Niklas thanked him warmly. Kajsa felt a wave of relief and joy. They had found the missing present and could now return home.

When they returned to the house in Snöflingeby, it was early morning. Niklas thanked Kajsa for her help and said goodbye. Kajsa sneaked back into the house and lay down by the fire to rest. She felt happy and proud to have helped save Christmas.

In the morning, the family woke up with joyful shouts and laughter as they opened their presents. Lisa screamed with delight when she opened the shimmering present with the golden bow. Inside was a beautiful music box that played a soft melody. It was the special Christmas present everyone had been waiting for.

Kajsa lay watching her family with a warm feeling in her heart. She now understood what made Christmas so special. It wasn't just the presents or the tree, but the love and joy shared between friends and family. It was helping each other and spreading happiness.

And so it was an unforgettable Christmas in Snöflingeby. Every year when the snow fell and Christmas Eve approached, everyone remembered Kajsa the cat and her adventure. For the true magic of Christmas lies in spreading love and joy to everyone around us.

Ebba och den Magiska Julnatten

Det var julaftonskväll i den lilla byn Snöfall. Snön föll sakta över de små stugorna, och allt var tyst och fridfullt. Inne i ett av husen bodde en flicka vid namn Ebba. Hon var en modig och nyfiken tioåring med långt, lockigt hår och gnistrande ögon. Ebba älskade julen mer än något annat och såg alltid fram emot den magiska kvällen när tomten skulle komma.

Denna jul var lite annorlunda. Ebbas föräldrar hade varit upptagna med arbete, och stämningen i huset var inte lika glad som vanligt. Ebba bestämde sig för att hon skulle göra denna jul till den mest minnesvärda någonsin, inte bara för sig själv utan för hela byn.

När hon satt framför den sprakande brasan och drömde om julens mirakel, hörde hon plötsligt ett svagt gnissel utanför dörren. Nyfiken som hon var, smög hon ut i hallen och kikade genom fönstret. Där ute, mitt i snön, stod en liten, blå släde med två små renar framför. I släden satt en figur klädd i en röd kappa med vita kanter.

Ebba kunde knappt tro sina ögon. "Tomten!" viskade hon för sig själv och rusade ut utan att tänka på att ta på sig jackan.

Den mystiske figuren i släden log varmt när han såg Ebba. "God kväll, lilla vän. Mitt namn är Nikolas. Jag har ett speciellt uppdrag ikväll, och jag tror att du kan hjälpa mig."

Ebba tittade förvånat på honom. "Jag? Hur kan jag hjälpa tomten?"

Nikolas, som nu verkade mer som en vänlig gammal man än den traditionella tomten, förklarade att julens magi hade blivit svagare i år på grund av att folk inte trodde på den som förr. "Vi behöver någon med ett stort hjärta och en stark tro på julens magi för att hjälpa oss att återställa den."

Ebba kände sig hedrad och bestämde sig för att följa med Nikolas. De satte sig i släden, och med ett litet ryck började renarna dra dem genom den gnistrande natten. De flög över snötäckta träd och blinkande julbelysningar, och Ebba kände hur hennes hjärta fylldes med en förväntan hon aldrig tidigare upplevt.

Deras första stopp var vid den stora julgranen på byns torg. Nikolas berättade att granen behövde en särskild stjärna för att återfå sin magi. "Stjärnan finns i det gamla klocktornet, men den vaktas av en vresig uggla vid namn Ursula. Hon har inte haft besök på många år och kan vara lite svår."

Ebba tvekade inte en sekund. Hon klättrade uppför den knarriga trappan i klocktornet, och när hon kom upp möttes hon av en stor, grå uggla som stirrade argt på henne.

"Vad gör du här?" frågade Ursula med en dyster röst.

Ebba förklarade sitt uppdrag och bad vänligt om att få stjärnan. Ursula tittade på henne med sina stora ögon och efter en stunds tystnad sa hon: "Du verkar vara en modig flicka. Om du kan lösa min gåta, ska du få stjärnan."

Ebba nickade ivrigt. "Jag är redo."

Ursula rörde sina vingar och frågade: "Vad är något som du alltid kan få mer av, men aldrig kan behålla?"

Ebba funderade en stund innan hon svarade: "Tid."

Ursula log för första gången på många år. "Det var rätt svar. Här är stjärnan."

Med stjärnan i handen skyndade Ebba tillbaka till Nikolas och de satte den på toppen av granen. Plötsligt började granen lysa starkare än någonsin, och en våg av värme spred sig genom byn. Folk kom ut ur sina hus, glada och överraskade, och började sjunga julsånger tillsammans.

Nikolas log mot Ebba. "Du har gjort ett fantastiskt jobb, men vi har fortfarande några fler uppdrag att slutföra."

De fortsatte till nästa plats, en gammal fabrik där julklapparna till byns barn tillverkades. Där upptäckte de att maskinerna hade stannat. Utan dem skulle inga presenter kunna delas ut i tid. Ebba och Nikolas började undersöka problemet och upptäckte snart att en liten mekanisk del saknades.

"Vi behöver hitta den delen," sa Nikolas bekymrat. "Utan den kan vi inte fortsätta."

Ebba tänkte efter och kom ihåg att hennes pappa brukade reparera saker i sin verkstad. "Jag tror att jag vet var vi kan hitta en sådan del," sa hon och ledde Nikolas till sin pappas verkstad.

Där, bland alla verktyg och gamla delar, fann Ebba precis vad de behövde. De skyndade tillbaka till fabriken och med lite ansträngning fick de maskinerna att fungera igen. Julklapparna började tillverkas i rasande fart, och Nikolas tackade Ebba hjärtligt.

"Vi har ett sista uppdrag," sa han. "Vi måste se till att barnen får sina julklappar i tid."

Ebba och Nikolas delade upp julklapparna och började leverera dem till varje hus i byn. Ebba hade aldrig känt sig så glad och full av energi. När de slutligen var klara och alla presenter var levererade, kände Ebba en stor lättnad.

Nikolas log varmt mot Ebba. "Tack vare dig, Ebba, har vi återställt julens magi. Du har visat att med tro och beslutsamhet kan man uppnå stora saker."

Ebba kände sig stolt och lycklig. Hon visste att denna jul skulle bli oförglömlig, inte bara för henne utan för hela byn Snöfall. Och när hon såg upp mot himlen och de gnistrande stjärnorna, visste hon att hon hade upplevt ett riktigt julmirakel.

Ebba and the Magical Christmas Eve

It was the night before Christmas Eve in the small village of Snöfall. Snow was falling softly over the rooftops, and the streets were quiet and peaceful. Inside one of the houses lived a girl named Ebba. She was a brave and curious ten-year-old with long, curly hair and sparkling eyes. Ebba loved Christmas more than anything and always looked forward to the magical night when Santa would come.

This Christmas was a little different. Ebba's parents had been busy with work, and the atmosphere in the house was not as cheerful as usual. Ebba decided that she would make this Christmas the most memorable ever, not just for herself but for the whole village.

As she sat in front of the crackling fire dreaming of Christmas miracles, she suddenly heard a faint creak outside the door. Curious as she was, she sneaked out into the hall and peeked through the window. Outside, in the snow, stood a small blue sleigh with two tiny reindeer in front. In the sleigh sat a figure dressed in a red coat with white trim.

Ebba could hardly believe her eyes. "Santa!" she whispered to herself and rushed out without thinking to put on her coat.

The mysterious figure in the sleigh smiled warmly when he saw Ebba. "Good evening, little friend. My name is Nikolas. I have a special mission tonight, and I believe you can help me."

Ebba looked at him in surprise. "Me? How can I help Santa?"

Nikolas, who now seemed more like a friendly old man than the traditional Santa, explained that the magic of Christmas had weakened this year because people didn't believe in it as much as before. "We need someone with a big heart and a strong belief in the magic of Christmas to help us restore it."

Ebba felt honored and decided to follow Nikolas. They sat in the sleigh, and with a small tug, the reindeer began to pull them through the sparkling night. They flew over snow-covered trees and twinkling Christmas lights, and Ebba felt her heart fill with an anticipation she had never experienced before.

Their first stop was at the large Christmas tree in the village square. Nikolas explained that the tree needed a special star to regain its magic. "The star is in the old bell tower, but it's guarded by a grumpy owl named Ursula. She hasn't had visitors in many years and can be a bit difficult."

Ebba didn't hesitate for a second. She climbed the creaky stairs of the bell tower, and when she reached the top, she was met by a large gray owl who stared angrily at her.

"What are you doing here?" Ursula asked in a gloomy voice.

Ebba explained her mission and politely asked for the star. Ursula looked at her with her big eyes, and after a moment of silence, she said, "You seem to be a brave girl. If you can solve my riddle, you shall have the star."

Ebba nodded eagerly. "I'm ready."

Ursula fluttered her wings and asked, "What is something you can always get more of but can never keep?"

Ebba thought for a moment before answering, "Time."

Ursula smiled for the first time in many years. "That was the correct answer. Here is the star."

With the star in hand, Ebba hurried back to Nikolas, and they placed it on top of the tree. Suddenly, the tree began to shine brighter than ever, and a wave of warmth spread through the village. People came out of their houses, happy and surprised, and began singing Christmas carols together.

Nikolas smiled at Ebba. "You've done an amazing job, but we still have a few more tasks to complete."

They continued to the next location, an old factory where the Christmas presents for the village children were made. There, they discovered that the machines had stopped. Without them, no presents could be delivered on time. Ebba and Nikolas began investigating the problem and soon found that a small mechanical part was missing.

"We need to find that part," Nikolas said worriedly. "Without it, we can't continue."

Ebba thought for a moment and remembered that her father used to fix things in his workshop. "I think I know where we can find such a part," she said and led Nikolas to her father's workshop.

There, among all the tools and old parts, Ebba found exactly what they needed. They hurried back to the factory, and with a bit of effort, they got the machines working again. The presents started being made at a furious pace, and Nikolas thanked Ebba heartily.

"We have one last task," he said. "We must make sure the children get their presents on time."

Ebba and Nikolas divided the presents and began delivering them to every house in the village. Ebba had never felt so happy and full of energy. When they were finally done and all the presents were delivered, Ebba felt a great relief.

Nikolas smiled warmly at Ebba. "Thanks to you, Ebba, we've restored the magic of Christmas. You have shown that with faith and determination, great things can be achieved."

Ebba felt proud and happy. She knew that this Christmas would be unforgettable, not just for her but for the entire village of Snöfall. And as she looked up at the sky and the twinkling stars, she knew she had experienced a true Christmas miracle.

Modig på Julafton

Det var dagen före julafton i den lilla byn Björkhult. Gatorna var täckta av ett tjockt lager snö, och fönsterna i alla husen glittrade av juldekorationer. Men inne i ett litet hus längst bort i byn satt en flicka vid namn Emma och stirrade ut genom fönstret. Hennes hjärta var tungt av oro.

Emma var en tolvårig flicka med bruna lockar och gröna, nyfikna ögon. Hon hade alltid älskat julen, men i år var allt annorlunda. Hennes pappa, som var en skogshuggare, hade inte kommit hem ännu. Han hade gett sig ut för att hitta den perfekta julgranen, men snön hade börjat falla kraftigt och han hade inte återvänt.

Emma kände en klump i magen. Vad om han hade gått vilse? Eller ännu värre, vad om något hade hänt honom? Medan hennes mamma försökte lugna henne och förbereda julmiddagen, kunde Emma inte släppa tanken på sin pappa. Hon visste att hon var tvungen att göra något. Hon var tvungen att vara modig.

"Jag måste hitta pappa," sa Emma beslutsamt till sin mamma.

Hennes mamma såg bekymrat på henne men visste att Emma hade ärvt sin pappas mod. "Om du verkligen tror att du kan hitta honom, så gå. Men var försiktig, och ta den här," sa hon och räckte Emma en varm filt och en lykta.

Emma klädde sig varmt och tog lyktan i sin hand. Hon gav sig av in i den snötäckta skogen, och varje steg kändes som ett äventyr. Träden tornade upp sig som jättar runt omkring henne, och snön knarrade under hennes fötter. Det var kallt och mörkt, men Emma lät sig inte skrämmas.

Efter en stunds vandring hörde hon ett svagt ljud, som om någon ropade på hjälp. Hon följde ljudet och kom till en glänta där hon såg sin pappa sittande på marken, fastklämd under en stor gren.

"Pappa!" ropade Emma och sprang fram till honom.

Hennes pappa såg upp, och hans ansikte ljusnade när han såg sin dotter. "Emma! Vad gör du här? Du borde vara hemma och förbereda för julen."

"Jag kunde inte bara sitta hemma och vänta," sa Emma bestämt. "Jag var orolig för dig."

Med sin mammas ord om försiktighet ekande i huvudet, började Emma försiktigt flytta grenen. Den var tung, men med hjälp av sin pappas instruktioner lyckades hon till slut frigöra honom.

"Du är så modig, Emma," sa hennes pappa med en stolt röst. "Men vi måste skynda oss tillbaka innan snön blir värre."

De började sin vandring tillbaka mot byn. Emma hjälpte sin pappa att stödja sig på henne, och tillsammans kämpade de sig genom snön. Trots svårigheterna kände Emma en varm känsla av stolthet och kärlek. Hon hade hittat sin pappa, och de skulle fira jul tillsammans.

När de äntligen kom tillbaka till byn, välkomnades de av värmen och ljuset från deras lilla hus. Emmas mamma sprang ut och omfamnade dem båda. "Ni är tillbaka! Jag var så orolig."

"Emma hittade mig," sa hennes pappa med ett leende. "Hon är verkligen en modig flicka."

Julen fortsatte i deras lilla hus med värme och glädje. Emma kände sig som en riktig hjälte. Hon hade varit modig och räddat sin pappa, och det var den bästa julklappen hon någonsin kunde få.

Senare på kvällen, när familjen satt samlad runt julgranen, berättade Emma sin historia om hur hon hade följt sitt hjärta och sin modiga ande. Hennes mamma och pappa lyssnade med stolthet och tacksamhet.

"Det krävs mycket mod för att göra det rätta, även när det är svårt," sa hennes pappa. "Och du, Emma, har visat att du har ett hjärta fyllt av mod."

Emma log och kände en djup tillfredsställelse. Hon visste att mod inte bara handlade om att vara stark, utan också om att följa sitt hjärta och göra det som behövdes, även när det var svårt.

Julgranen glittrade, elden sprakade i spisen, och Emma kände en varm känsla sprida sig genom henne. Detta var den bästa julen någonsin, inte på grund av presenterna eller maten, utan på grund av kärleken och modet som höll hennes familj samman.

Brave on Christmas Eve

It was the day before Christmas Eve in the small village of Björkhult. The streets were covered with a thick layer of snow, and the windows of all the houses glittered with Christmas decorations. But inside a small house at the far end of the village, a girl named Emma sat and stared out the window. Her heart was heavy with worry.

Emma was a twelve-year-old girl with brown curls and green, curious eyes. She had always loved Christmas, but this year was different. Her father, who was a lumberjack, had not come home yet. He had gone out to find the perfect Christmas tree, but the snow had started to fall heavily, and he hadn't returned.

Emma felt a knot in her stomach. What if he had gotten lost? Or worse, what if something had happened to him? While her mother tried to calm her and prepare the Christmas dinner, Emma couldn't stop thinking about her father. She knew she had to do something. She had to be brave.

"I have to find Dad," Emma said decisively to her mother.

Her mother looked at her worriedly but knew that Emma had inherited her father's courage. "If you really think you can find him, then go. But be careful, and take this," she said, handing Emma a warm blanket and a lantern.

Emma dressed warmly and took the lantern in her hand. She set off into the snow-covered forest, and every step felt like an adventure. The trees towered over her like giants, and the snow crunched under her feet. It was cold and dark, but Emma was not afraid.

After walking for a while, she heard a faint sound, like someone calling for help. She followed the sound and came to a clearing where she saw her father sitting on the ground, trapped under a large branch.

"Dad!" Emma shouted and ran to him.

Her father looked up, and his face lit up when he saw his daughter. "Emma! What are you doing here? You should be at home preparing for Christmas."

"I couldn't just sit at home and wait," Emma said firmly. "I was worried about you."

With her mother's words of caution echoing in her head, Emma carefully started to move the branch. It was heavy, but with her father's instructions, she eventually managed to free him.

"You are so brave, Emma," her father said proudly. "But we need to hurry back before the snow gets worse."

They began their journey back to the village. Emma helped her father lean on her, and together they fought their way through the snow. Despite the difficulties, Emma felt a warm sense of pride and love. She had found her father, and they would celebrate Christmas together.

When they finally returned to the village, they were welcomed by the warmth and light from their little house. Emma's mother ran out and embraced them both. "You are back! I was so worried."

"Emma found me," her father said with a smile. "She is truly a brave girl."

Christmas continued in their little house with warmth and joy. Emma felt like a real hero. She had been brave and saved her father, and it was the best Christmas gift she could ever receive.

Later that evening, when the family sat gathered around the Christmas tree, Emma told her story of how she had followed her heart and her brave spirit. Her mother and father listened with pride and gratitude.

"It takes a lot of courage to do the right thing, even when it's hard," her father said. "And you, Emma, have shown that you have a heart full of courage."

Emma smiled and felt a deep sense of satisfaction. She knew that courage was not just about being strong, but also about following her heart and doing what was needed, even when it was difficult.

The Christmas tree glittered, the fire crackled in the fireplace, and Emma felt a warm feeling spread through her. This was the best Christmas ever, not because of the presents or the food, but because of the love and courage that held her family together.

Printed by
Libri Plureos GmbH · Friedensallee 273
22763 Hamburg · Germany